Colomba

Prosper Mérimée

Adapté en français facile
par Françoise Claustres

Crédits photographiques :
Couverture : © Beboy, Adobestock
Page 3 : Juulijs, Adobestock

Direction éditoriale : Béatrice Rego
Marketing : Thierry Lucas
Édition : Marie-Charlotte Serio
Couverture : Fernando San Martin
Mise en page : Isabelle Vacher
Illustrations : Conrado Giusti
Enregistrement : Blynd

© CLE International, 2024
ISBN : 978-209-039552-5

L'auteur

PROSPER MÉRIMÉE est un écrivain français du XIXᵉ siècle, connu pour ses nouvelles (petites histoires) fantastiques et dramatiques.

Né en 1803, c'est un homme curieux qui aime apprendre les langues étrangères et découvrir les civilisations. Après des études de droit, il voyage par plaisir (Espagne, Italie, Grèce…) et pour son travail (France : Auvergne, Corse…). Il devient en effet en 1834 inspecteur général des Monuments historiques. À ce titre, il visite les monuments de France, en fait l'inventaire, regarde s'ils sont en bon état ou s'ils ont besoin d'être restaurés (réparés).

De ses voyages, il rapporte des histoires et des idées pour ses nouvelles. L'Espagne lui inspire *Carmen*, publiée en 1845 et qui deviendra en 1875 un célèbre opéra de Bizet ; la Corse, une île devenue française à la fin du XVIIIᵉ siècle, lui inspire *Mateo Falcone* (1829) et *Colomba* (1840) ; les Pyrénées lui inspirent la nouvelle fantastique *La Vénus d'Île* (1837), un de ses chefs-d'œuvre. Ami de l'écrivain français Stendhal, il aime lire et écrire des histoires « couleur locale » qui racontent les traditions d'une région. Il meurt en 1870.

Le livre

Colomba est une nouvelle de Prosper Mérimée parue en 1840. Elle se passe en Corse, une île au sud-est de la France. Elle a pour sujet la vendetta, la vengeance d'honneur corse. Le lieutenant Orso della Rebbia retourne en Corse, où il est né, après avoir servi sous Napoléon. Sur le bateau qui le ramène chez lui, il rencontre le colonel Nevil et sa fille Lydia, des Irlandais. Les jeunes gens tombent amoureux. On a assassiné le père d'Orso il y a deux ans. La justice pense que le coupable est un bandit, Agostini, mais Colomba, la sœur d'Orso, restée en Corse, pense que les coupables sont les Barricini. Comme l'exige la tradition corse, Colomba veut que son frère tue les Barricini pour venger leur père. Mais le lieutenant ne veut pas en arriver là et au début, il croit Agostini coupable. Mais arrivé dans son village, les choses évoluent. Entre sa sœur, qui le pousse à venger leur père, sa conscience, qui le pousse à rester calme, et miss Lydia, qui veut qu'il renonce à la vengeance, que va-t-il faire ?

Les mots ou expressions suivis d'un astérisque* dans le texte sont expliqués dans le Vocabulaire, page 54.

En route vers la Corse

*E*N OCTOBRE, le colonel sir Thomas Nevil, Irlandais, officier de l'armée anglaise, descend avec sa fille à l'hôtel à Marseille. Il revient d'Italie. Miss Lydia, sa fille, a trouvé que l'Italie manquait de caractère. Le colonel Nevil, qui, depuis la mort de sa femme, voit les choses par les yeux de sa fille, est d'accord avec elle.

Le lendemain de son arrivée à Marseille, il invite à dîner le capitaine Ellis, son ancien adjudant[1], qui a passé six semaines en Corse. Le capitaine raconte à miss Lydia une histoire de bandits*. Au dessert, les deux hommes, seuls, parlent chasse, et le colonel apprend qu'en Corse, la chasse est variée et abondante[2]. Au thé, le capitaine charme à nouveau miss Lydia avec une histoire de vendetta*, puis il lui décrit le pays, le caractère de ses habitants et leurs coutumes*. Enfin, il lui donne un joli petit stylet*. Un célèbre bandit l'a donné au capitaine Ellis. Miss Lydia le met dans sa ceinture, puis sur sa table de nuit, et le regarde deux fois avant de dormir. De son côté, le colonel rêve qu'il tue un mouflon[3]. Le lendemain, le colonel déjeune avec sa fille :

– Ellis dit que la chasse est formidable en Corse. J'aimerais y passer une quinzaine de jours, mais c'est loin.

– Eh bien ! répond miss Lydia, allons en Corse ! Pendant que vous chasserez, je dessinerai.

---

1. Dans l'armée anglaise, officier qui assiste/aide un officier supérieur.
2. Il y a beaucoup de gibiers, de bêtes à chasser.
3. Mouton sauvage.

On trouve un navire à voiles qui part pour l'île. Il y a deux chambres. On prend des provisions[4].

Le jour du départ, le colonel se promène avec sa fille quand le capitaine lui demande de prendre à bord du bateau un de ses parents, qui retourne en Corse, son pays.

– C'est un charmant garçon, ajoute le capitaine Matei, un officier d'infanterie[5].

– Si c'est un militaire, dit le colonel…

Il allait ajouter : Je suis d'accord… mais miss Lydia crie en anglais :

– Un officier d'infanterie ! Un homme mal élevé peut-être, qui aura le mal de mer[6] !

Son père a été officier de la cavalerie[7], elle n'aime pas les autres officiers. Le patron ne comprend pas un mot d'anglais, mais il voit le visage de Lydia. Il dit que le militaire est un homme très bien et qu'il ne dérangera personne.

– A-t-il le mal de mer ? demande miss Nevil d'un ton sec.

– Jamais, mademoiselle.

– Eh bien ! Vous pouvez l'emmener, dit-elle.

– Vous pouvez l'emmener, répète le colonel.

Vers cinq heures du soir, le capitaine Matei vient les chercher pour monter à bord du bateau. Ils voient un grand jeune homme vêtu d'un manteau bleu boutonné jusqu'au menton, les yeux noirs, vifs, l'air franc. Le jeune homme remercie le colonel pour le voyage.

– Avec plaisir, mon garçon, dit le colonel.

---

4. De la nourriture.
5. Soldats à pied.
6. Qui sera malade en mer.
7. Soldats à cheval.

Puis il dit en français au jeune homme :

— Êtes-vous allé à Waterloo[8] ? Vous êtes bien jeune.

— C'est ma seule bataille, mon colonel.

— Elle compte double, dit le colonel. Et vous retournez dans votre pays en congé ?

— Non, mon colonel. Je suis en demi-solde[9]. Permettez-moi de me présenter : je suis le lieutenant Orso della Rebbia. Je suppose que vous venez en Corse pour chasser. Je serai très heureux de vous montrer les *maquis* et nos montagnes...

Le colonel invite le jeune homme à manger.

— Mon Dieu ! Comme cette mer est belle ! dit le lieutenant. Ne trouvez-vous pas la mer Méditerranée plus belle que l'Océan, mademoiselle ?

— Je la trouve trop bleue et les vagues ne sont pas assez grandes.

— Vous aimez la beauté sauvage, mademoiselle ? Alors, la Corse vous plaira.

— Ma fille, dit le colonel, aime ce qui est extraordinaire.

Miss Lydia embrasse son père sur le front, fait un signe de tête à Orso et disparaît. Les deux hommes discutent chasse et guerre. Ils découvrent qu'à Waterloo, ils étaient en face l'un de l'autre. Plus tard, ils se séparent et vont se coucher.

La nuit est belle. Miss Lydia n'a pas envie de dormir. Quand elle pense que le lieutenant dort, elle se lève, prend un manteau, réveille sa femme de chambre et monte sur

---

8. Bataille perdue par Napoléon en 1815. Après cette bataille perdue, Napoléon est chassé.

9. Quand Napoléon est chassé, ses officiers sont mal vus. On les paie à moitié (demi-solde) et on ne les utilise pas.

le pont. Un marin chante une chanson corse. Miss Lydia ne comprend pas tout ce que chante le marin. Mais elle comprend qu'il parle d'un meurtre*. Le marin s'arrête tout à coup.

– Pourquoi ne continuez-vous pas, mon ami ? demande miss Nevil.

Le marin, d'un mouvement de tête, lui montre quelqu'un : c'est Orso qui vient regarder la lune.

– Terminez votre chanson, dit miss Lydia, elle me plaît beaucoup.

Le matelot se penche vers elle et dit très bas : je ne donne le *rimbecco** à personne.

– Comment ? Le… ?

Le matelot ne répond pas et siffle.

– Vous admirez notre Méditerranée, miss Nevil, dit Orso.

– Je ne la regardais pas. Ce marin chantait.

La femme de chambre de miss Lydia, qui ne comprend pas le corse, se tourne vers Orso.

– Monsieur le lieutenant, dit-elle, que veut dire donner le *rimbecco* ?

– Le *rimbecco* ! dit Orso. Mais c'est reprocher à un Corse de ne pas se venger.

Miss Lydia se lève, prend le bras de sa femme de chambre et descend dans sa chambre. Peu après, Orso se retire aussi. Dès qu'il est parti, la femme de chambre remonte, interroge le marin puis revient voir miss Lydia. La chanson que le matelot chantait parle de la mort du colonel della Rebbia, le père d'Orso, assassiné il y a deux ans. Le matelot pense qu'Orso revient en Corse pour venger son père.

Ces renseignements changent les sentiments de miss Lydia pour le lieutenant della Rebbia. Il devient un personnage aux yeux de l'Anglaise. Miss Nevil voit à présent que le jeune lieutenant a de très grands yeux, des dents blanches, une belle taille, de l'éducation. Elle lui parle souvent le jour suivant. Elle lui pose des questions sur son pays, et il en parle bien.

Le bateau arrive près de la Corse. Quand le bateau entre dans le port, un maquis est en feu. Tout, dans ce paysage, est grave et triste. Il y a peu de mouvement dans les rues. On n'entend pas parler fort, rire, chanter, comme dans les villes italiennes.

Ajaccio

*M*ISS LYDIA, deux jours après son arrivée en Corse, se sent triste. Elle prépare crayons et couleurs et fait le portrait d'un paysan. Mais cela ne l'amuse pas, alors elle décide de faire tourner la tête[10] au lieutenant. Elle veut qu'il renonce à sa vengeance.

Le colonel Nevil fait une visite au préfet[11] ; peu de jours après cette visite, le préfet lui rend sa visite. Le colonel est allongé sur le canapé ; sa fille chante devant un vieux piano ; Orso tourne les feuilles de son cahier de musique. On annonce M. le préfet ; le colonel se lève et présente le préfet à sa fille.

– Je ne vous présente pas monsieur della Rebbia, dit-il, car vous le connaissez sans doute.

– Monsieur est le fils du colonel della Rebbia ? demande le préfet un peu gêné.

– Oui, monsieur, répond Orso.

– J'ai connu monsieur votre père.

– C'est sur le continent[12] que vous avez connu monsieur della Rebbia ? demande le préfet à miss Lydia.

Miss Lydia répond qu'elle l'a rencontré sur le bateau qui les a amenés en Corse.

– C'est un jeune homme très bien, dit le préfet. Et vous a-t-il dit pourquoi il revient en Corse ? demande-t-il tout bas.

10. Faire tourner la tête : rendre amoureux.
11. Fonctionnaire qui représente l'État dans un département ; « chef » d'un département.
12. Le continent est la France ; la Corse est une île.

– Je ne le lui ai pas demandé, répond miss Lydia. Vous pouvez l'interroger.

Le préfet garde le silence, puis il dit à Orso :

– Vous avez beaucoup voyagé, monsieur. Vous devez avoir oublié la Corse, et ses coutumes… qui ne plaisent pas toujours à l'administrateur[13].

Peu après, le préfet se lève et sort.

– Ce préfet est bien aimable, dit miss Lydia.

– Moi, dit Orso, je le trouve étrange.

– Et moi, dit-elle, je crois l'avoir compris. Monsieur della Rebbia, nous nous connaissons depuis quelques jours, mais en mer, on devient ami plus vite. Alors ne vous étonnez pas si je vous parle en amie. Je sais, monsieur, le malheur qui a frappé votre famille ; on m'a beaucoup parlé du caractère de vos compatriotes et de leur coutume de se venger. N'est-ce pas de cette coutume que le préfet parlait ?

– Miss Lydia peut-elle penser que… !

Et Orso devient pâle comme la mort.

– Je sais que vous êtes un gentleman.

– Me croyez-vous capable de devenir un assassin* ? demande le lieutenant.

– Je ne doute pas de vous. Allons, dit-elle, ne parlons plus de ces choses-là : elles me font mal à la tête, et d'ailleurs il est tard.

Et elle lui tend la main.

– Mademoiselle, dit Orso, quelquefois, quand je pense à mon pauvre père…, d'affreuses idées me viennent. Grâce à vous, j'en suis délivré. Merci, merci !

---

13. Aux représentants de l'État, comme lui, le préfet.

Le lendemain, miss Nevil, qui revient du bord de la mer, aperçoit une jeune femme habillée de noir, montée sur un cheval. La jeune femme semble avoir une vingtaine d'années. Elle est grande, les yeux bleu foncé, la bouche rose, les dents blanches. Elle semble inquiète et triste. Sur la tête, elle porte un voile de soie noire appelé *mezzaro*. Ses vêtements sont propres et simples.

La dame au *mezzaro* s'arrête à la porte de l'hôtel. Après avoir parlé avec l'hôtelier, la jeune femme s'assoit sur un banc de pierre. Miss Lydia passe devant elle mais la jeune femme ne lève pas les yeux. Bientôt le colonel et Orso reviennent de la chasse. L'hôtelier dit quelques mots à la demoiselle et lui montre le jeune della Rebbia. La jeune femme rougit, se lève, fait quelques pas, puis s'arrête.

– Vous êtes, dit-elle d'une voix émue, Orso Antonio della Rebbia ? Moi, je suis Colomba.

– Colomba ! s'écrie Orso.

Il la prend dans les bras et l'embrasse. Puis il se tourne vers le colonel :

– C'est ma sœur, dit-il. Elle a beaucoup changé. Colomba, voici le colonel sir Thomas Nevil. Colonel, je ne pourrai pas dîner avec vous aujourd'hui. Ma sœur...

– Eh ! Où voulez-vous dîner, mon cher ? Mademoiselle mangera avec nous. Ma fille sera contente.

Ils entrent dans la grande pièce de l'auberge. Le colonel présente Mademoiselle della Rebbia, qui ne dit pas un mot à miss Nevil. Colomba plaît à miss Nevil. Il n'y a pas de chambre libre dans l'hôtel, alors miss Lydia propose à mademoiselle della Rebbia de mettre un lit dans sa chambre.

Colomba regarde les fusils, que les chasseurs ont mis dans un coin.

– Les belles armes ! dit-elle à son frère. Elles sont à vous ?

– Non, ce sont les fusils du colonel.

– Dommage, dit Colomba.

– Choisissez-en un, mon cher, dit le colonel.

Orso refuse.

– Eh bien ! Mademoiselle votre sœur choisira pour vous.

Colomba prend un fusil simple, mais un bon fusil. Plus tard, les deux jeunes filles vont dans leur chambre. Miss Lydia s'aperçoit que Colomba retire de sa robe quelque chose de long qu'elle cache sous son *mezzaro*. Deux minutes après, Colomba est dans son lit. Très curieuse, miss Lydia s'approche de la table, soulève le *mezzaro* et voit un stylet assez long.

– Est-ce une coutume, dit miss Nevil, de porter un stylet sur soi ?

– Il le faut bien, répond Colomba. Il y a tant de méchantes gens !

– Et s'il le faut, vous l'utiliserez ?

– Oui, dit Colomba de sa voix douce et musicale, pour me défendre ou défendre mes amis.

Elle soupire, met sa tête sur l'oreiller et ferme les yeux.

* * *

La famille du colonel della Rebbia déteste depuis des siècles la famille des Barricini.

Le père d'Orso était militaire ; Giudice Barricini, est avocat et maire du village. Un jour, la femme du colonel meurt. Elle voulait être enterrée au milieu d'un petit bois, mais le maire refuse et dit qu'elle sera enterrée au cimetière. Madame della Rebbia est quand même enterrée dans le bois, mais Barricini, pas content, conteste[14] au colonel la

---

14. Refuser, dire que ce n'est pas vrai.

propriété d'un ruisseau qui fait tourner un moulin. Un procès commence. Le colonel va gagner le procès quand M. Barricini montre une lettre d'Agostini, un bandit, qui le menace de mort s'il continue le procès. Mais Agostini écrit au juge qu'il n'a pas écrit la lettre. Chaque famille accuse l'autre famille d'avoir écrit la fausse lettre.

Un soir, la femme Madeleine Pietri entend deux coups de feu. Elle avance et trouve le colonel della Rebbia dans son sang. Il respire encore. La femme voit qu'il veut parler, mais il n'y arrive pas. Elle prend un carnet et un crayon dans la poche du colonel et lui donne. Le blessé forme quelques lettres sur le carnet, mais la femme ne sait pas lire. Sur le chemin du village, elle rencontre M. le maire Barricini avec son fils Vincentello. Il fait presque nuit. Elle raconte ce qu'elle a vu. M. le maire prend le carnet et court à la mairie. Plus tard, le juge ouvre le carnet, et, sur une page pleine de sang, on lit *Agosti...* Le juge pense que le colonel a désigné Agostini comme son assassin. Colomba regarde le carnet. Elle dit que la veille, son père a écrit au crayon, sur son carnet, l'adresse d'Orso. Mais cette adresse n'est pas sur le carnet. Pour elle, le maire a arraché la feuille où son père a noté le nom du meurtrier ; et le maire, sur une autre feuille, a écrit le nom d'Agostini.

M. Barricini prouve[15] qu'il était toute la soirée au village ; que son fils Vincentello était avec lui devant la mairie quand le crime* a eu lieu ; que son fils Orlanduccio, malade ce jour-là, n'a pas bougé de son lit. Il montre tous les fusils de sa maison, qui n'ont pas fonctionné depuis longtemps. Il ajoute qu'il a mis le carnet sous scellé[16].

---

15. Montre, donne des preuves.
16. Mettre sous scellé : mettre des bandes de papier fermées par des cachets de cire qui ferme l'objet afin qu'on ne l'ouvre pas avant le juge.

Enfin il rappelle qu'Agostini a menacé de mort celui qui a écrit la fausse lettre.

Cinq jours après la mort du colonel della Rebbia, Agostini est tué. Conclusion : les Barricini ne sont pas inquiétés[17]. Mais Colomba chante une *ballata** devant le cadavre de son père. Elle accuse les Barricini de l'assassinat* et dit que son frère vengera leur père. C'est cette *ballata* que le matelot a chantée devant miss Lydia.

Quand il apprend la mort de son père, Orso, qui a lu une lettre de sa sœur, croit les Barricini coupables, mais quand il lit les dossiers du jugement, il pense qu'Agostini est coupable. Deux ans plus tard, on le met en demi-solde et il décide de revoir son pays. Il ne veut pas se venger, mais marier sa sœur et vendre ses petites propriétés.

* * *

Le lendemain, Orso dit qu'il va partir pour Pietranera. La veille de son départ, Orso part se promener avec miss Lydia et le colonel. Colomba est allée faire des achats à la ville. Le colonel s'amuse à tirer des oiseaux.

– Miss Lydia, dit Orso après un silence assez long, que pensez-vous de ma sœur ?

– Elle me plaît beaucoup, répond miss Nevil. Elle est vraiment corse et sauvage. Vous êtes plus civilisé[18].

– Eh bien ! Je me sens redevenir sauvage depuis que je suis sur cette île. J'ai mille affreuses[19] pensées et j'avais besoin de discuter un peu avec vous avant de partir.

– Regardez votre sœur. Elle est calme.

---

17. Embêtés. On les laisse libres. L'affaire est classée.
18. Sage, moins sauvage.
19. Horribles.

– Vous vous trompez. Elle ne m'a pas dit un mot, mais dans ses regards, j'ai lu ce qu'elle veut de moi.

– Que veut-elle de vous ?

– Oh ! Elle veut que je tire avec le fusil de monsieur votre père sur un homme…

– Quelle idée ! Elle ne vous en a pas parlé !

– Voyez-vous, nous les Corses, nous sommes des gens rusés. Ma sœur ne veut pas m'effrayer. Mais quand nous serons à Pietranera…

– Savez-vous, monsieur della Rebbia, que vous me faites peur. Voyez-vous cette bague ? C'est un scarabée[20] égyptien trouvé dans une pyramide. Tenez, je vous donne mon scarabée. Quand vous aurez une mauvaise pensée corse, regardez mon scarabée.

– Je penserai à vous, miss Nevil, et je me dirai…

– Dites-vous que vous avez une amie qui ne veut pas qu'on vous pende…

Orso doit partir avec sa sœur très tôt. Le matin, quand il prend son café, il voit entrer miss Nevil avec sa sœur. Miss Nevil s'est levée à cinq heures, et, pour une Anglaise, c'est tôt[21]…

– Je suis désolé, dit Orso. Ma sœur vous aura réveillée.

– Non, dit miss Lydia fort bas. À bientôt, j'espère.

Et elle lui tend la main. Colomba s'approche de son frère, l'emmène près d'une fenêtre, lui montre quelque chose et lui dit quelques mots.

– Ma sœur, dit Orso à miss Nevil, veut vous faire un étrange cadeau. Elle dit que vous avez regardé avec curiosité ce stylet. Il appartient à notre famille.

20. Insecte.
21. De bonne heure, tôt le matin

– 18 –

– Ce stylet est très beau, dit miss Lydia, mais c'est une arme de famille, je ne peux accepter.

– Ce n'est pas le stylet de mon père, s'écrie Colomba. Si mademoiselle l'accepte, elle nous fera plaisir.

– Chère mademoiselle Colomba, dit miss Lydia, je ne peux vous laisser partir sans arme.

– Mon frère est avec moi, dit Colomba d'un ton fier, et nous avons le bon fusil que votre père nous a donné. Orso, vous avez chargé le fusil ?

Il faut partir. De la fenêtre du salon, miss Lydia voit le frère et la sœur monter à cheval. Les yeux de Colomba brillent. Quand miss Lydia voit cette grande et forte femme, avec sur les lèvres un drôle de sourire, qui emmène ce jeune homme armé, elle se souvient des peurs d'Orso. Orso lève la tête et l'aperçoit. Il prend la bague et la porte à ses lèvres. Miss Lydia quitte la fenêtre. « Que doit penser de moi ce jeune homme ? se dit-elle, et moi que dois-je penser de lui ? Et pourquoi est-ce que je pense à lui ? Une connaissance de voyage ! Oh ! Je ne l'aime pas… Non, non, d'ailleurs c'est impossible… »

Elle se jette sur son lit et veut dormir, mais c'est impossible.

3 CHAPITRE III

Premiers jours à Pietranera

*O*RSO DISCUTE en chemin avec sa sœur. Colomba parle avec enthousiasme de miss Nevil.

– Son père vous aime beaucoup. Nous sommes de bonne famille. Et si vous demandiez miss Lydia en mariage ?

– Colomba, tu es folle, répond Orso.

Quand Orso et sa sœur arrivent près de Pietranera, ils aperçoivent sept ou huit hommes avec des fusils.

– Ce sont nos gens ! s'écrie Colomba d'un air joyeux.

– Quels gens ? demande Orso.

– Nos bergers, répond-elle. Ils vont nous accompagner chez nous. Les Barricini sont dangereux.

– Colomba, dit Orso d'un ton sévère, je t'ai demandé de ne pas me parler des Barricini. Je ne veux pas rentrer chez moi avec ces gens.

– Mon frère, vous avez oublié votre pays.

Les bergers, qui les ont aperçus, arrivent.

– *Evviva*[22] Ors'Anton ! crie un vieillard à barbe blanche. C'est le vrai portrait de son père, en plus grand et plus fort. Quel beau fusil ! On en parlera de ce fusil.

– *Evviva* Ors'Anton ! répètent les bergers.

Une douzaine de coups de fusil accompagnent leurs paroles. Orso n'est pas content.

– Mes amis, je vous remercie, mais je sais ce que je dois faire.

– Il a raison ! crient les bergers. Nous vous aiderons si vous en avez besoin.

---

22. Vive ! Exclamation de joie utilisée aussi pour saluer un ami !

– Je le sais, mais je n'ai besoin de personne en ce moment. Partez.

Les bergers partent vers le village. Orso et sa sœur les suivent. Les amis de sa famille l'attendent. Les habitants du village qui sont neutres[23] le regardent passer. Les amis de la famille des Barricini sont chez eux et regardent par les petites ouvertures de leurs volets.

Aux deux bouts de la place du village, on voit des bâtiments très hauts. Ce sont les tours ennemies des della Rebbia et des Barricini. Elles se ressemblent. La tour et la maison des della Rebbia se trouvent sur le côté nord de la place de Pietranera ; la tour et la maison des Barricini sur le côté sud. De la tour du nord jusqu'à la fontaine du village, c'est la promenade des della Rebbia. La promenade des Barricini est de l'autre côté. Orso va passer devant la maison de Barricini, mais sa sœur lui dit de prendre un chemin différent.

– Pourquoi ? dit Orso. La place du village est à tout le monde.

– Brave cœur ! dit tout bas Colomba. Mon père, tu seras vengé !

Les fenêtres des Barricini sont barricadées[24], et on y a mis des *archere*, d'étroites ouvertures, pour tirer avec un fusil si nécessaire.

La présence d'Orso sur le côté sud de la place fait parler.

– Souvenez-vous de ce que je vais vous dire, voisins, dit un vieillard. J'ai regardé le visage de la Colomba aujourd'hui. Elle a quelque chose dans la tête. Je sens de la poudre* dans l'air !

---

23. Qui ne sont ni pour sa famille ni pour la famille des Barricini.
24. Fermées, protégées avec du bois, des objets…

Après le repas, la tête appuyée sur sa main, Orso pense. Il comprend que les gens attendent quelque chose de lui. Il doit se venger. S'il ne le fait pas, il sera un lâche*. Mais il ne croit pas les Barricini coupables. Parfois, il touche la bague de miss Nevil. Il se lève et prend une lampe pour aller dans sa chambre quand on frappe à la porte. Colomba arrive. Avant d'ouvrir, elle demande qui est là. Une voix douce répond : c'est moi. Colomba ouvre la porte et revient avec une petite fille de dix ans, pieds nus, mal habillée. L'enfant est maigre, pâle, la peau brûlée par le soleil, mais dans ses yeux brille l'intelligence. Quand elle voit Orso, elle s'arrête puis elle parle bas à Colomba et lui met entre les mains un faisan[25] mort.

– Merci, Chili, dit Colomba. Remercie ton oncle. Il va bien ?

– Très bien, mademoiselle. Je l'ai attendu trois heures dans le maquis.

– Et tu n'as pas mangé ?

– Non, mademoiselle, je n'ai pas eu le temps.

– On va te donner à manger. Ton oncle a encore du pain ?

– Peu, mademoiselle, mais il a surtout besoin de poudre.

– Je vais te donner un pain pour lui et de la poudre.

– Colomba, dit Orso en français, à qui donnes-tu du pain et de la poudre ?

– À un pauvre bandit de ce village, répond Colomba. Cette petite est sa nièce.

– Et qu'a fait ton bandit ?

– Brandolaccio a tué Giovan'Opizzo, qui a assassiné son père pendant qu'il était à l'armée.

Orso tourne la tête, prend la lampe et monte dans sa chambre. Colomba donne de la poudre et de la nourriture à

---

25. Oiseau qu'on chasse.

l'enfant, puis la ramène à la porte. Elle lui dit alors : « Dis à ton oncle de veiller sur[26] Orso ! »

Quand Orso se réveille, Colomba est assise sur une chaise, entourée de balles.

– Que fais-tu ? demande son frère.

– Vous n'aviez pas de balles pour le fusil du colonel, répond-elle de sa voix douce. Je vous en ai préparées.

– Je n'en ai pas besoin, Dieu merci !

– Vous avez oublié votre pays et les gens d'ici.

– Dis-moi, une grosse malle[27] n'est pas arrivée il y a quelques jours ?

– Oui, mon frère. Voulez-vous que je la monte dans votre chambre ?

– Mais tu n'auras pas la force !

– Je ne suis pas aussi faible que vous le pensez, dit Colomba. Allons, Saveria, dit-elle à la servante, aide-moi.

Orso court les aider.

– Il y a dans cette malle, ma chère Colomba, dit-il, quelque chose pour toi.

Il ouvre la malle et en sort des robes, un châle et d'autres objets.

– Comme c'est beau ! s'écrie Colomba. Je les garderai pour mon mariage, car je suis en deuil[28].

– On ne doit pas garder le deuil aussi longtemps.

– Je l'ai juré, dit Colomba d'un ton ferme. Je quitterai le deuil…

Et elle regarde par la fenêtre la maison des Barricini.

– Le jour où tu te marieras ?

---

26. Protéger, surveiller.
27. Valise de l'époque.
28. Son père est mort, Colomba s'habille en noir : elle est en deuil.

– Je me marierai, dit Colomba, à un homme qui…

Et elle regarde la maison ennemie.

– L'homme qui me fera quitter mes vêtements de deuil fera prendre le deuil aux femmes de cette maison.

Orso ne répond pas.

– Mon frère, dit Colomba, j'ai quelque chose pour vous. Les habits que vous avez là sont trop beaux pour ce pays. Je vous ai fait une veste de velours et voici un bonnet. Voulez-vous les essayer ? Voici la ceinture de notre père où il mettait ses cartouches*, dit-elle ; son stylet est dans la poche de votre veste. Je vais vous chercher le pistolet.

Orso mange dans son nouveau costume. Pendant le repas, il dit à sa sœur que sa malle contient des livres pour la faire travailler. Quelques jours se passent. Colomba ne parle pas des Barricini. Elle parle souvent de miss Nevil. Orso lui fait lire des ouvrages français et italiens. Un matin, après déjeuner, Colomba arrive avec son *mezzaro* sur la tête.

– Mon frère, dit-elle, j'aimerais sortir avec vous.

– Où veux-tu aller ? demande Orso.

Il lui tend son bras.

– Je n'ai pas besoin de votre bras, mon frère, mais prenez votre fusil et vos cartouches. Un homme ne doit pas sortir sans armes.

– Très bien. Où allons-nous ?

Colomba ne répond pas, appelle le chien et sort suivie de son frère. Le chien semble connaître le chemin.

– Si le chien aboie, dit Colomba, armez votre fusil, mon frère, et ne bougez pas.

Colomba s'arrête devant une petite pyramide de branchages. Au sommet, on voit l'extrémité d'une croix de bois peinte en noir.

– Orso, dit-elle, notre père est mort ici. Prions pour lui, mon frère !

Et elle se met à genoux. Orso fait la même chose. À ce moment, la cloche du village sonne. Orso pleure. Au bout de quelques minutes, Colomba se lève, l'œil sec, le visage animé. Ils rentrent dans leur maison. Orso monte dans sa chambre. Colomba le suit avec une petite boîte. Elle l'ouvre et en tire une chemise couverte de larges taches de sang.

– Voici la chemise de votre père, Orso.

Et elle la jette sur ses genoux.

– Voici les balles qui l'ont frappé.

Et elle pose sur la chemise deux balles.

– Orso, mon frère ! Orso ! Tu le vengeras !

Elle l'embrasse avec fureur, embrasse les balles et la chemise, et sort de la chambre. Orso ne peut pas bouger. Il entend encore les paroles de sa sœur. Enfin, il sort de sa maison et marche devant lui. Il ne sait pas où il va. Peu à peu, il se calme et réfléchit. Pour lui, les Barricini ne sont pas coupables de meurtre, mais il pense qu'ils ont écrit la lettre du bandit Agostini ; et cette lettre, pour lui, a causé[29] la mort de son père. Il a une idée : se disputer avec un des fils de l'avocat Barricini et se battre avec lui. Le tuer d'une balle.

Tout à coup, il entend une petite fille qui chante.

– Que chantes-tu là, petite ? dit Orso.

– C'est vous, Ors'Anton ! dit l'enfant un peu effrayée. C'est une chanson de mademoiselle Colomba…

– Je t'interdis de chanter cette chanson, dit Orso d'une voix terrible. Que portes-tu là, ma petite ?

Chili ne répond pas, alors Orso soulève le linge qui recouvre le paquet, et il voit du pain et de la nourriture.

---

29. Causer la mort : c'est à cause de la lettre que son père est mort.

– À qui portes-tu ce pain ? lui demande-t-il.

– Vous le savez bien, monsieur : à mon oncle.

Un chien arrive. La petite siffle : le chien vient vers elle, puis retourne dans le maquis. Bientôt deux hommes mal habillés mais bien armés arrivent.

– Oh ! Ors'Anton, dit le plus âgé des deux hommes. Vous ne me reconnaissez pas ?

– Non, dit Orso.

– Avez-vous donc oublié les soldats de Waterloo ? Vous ne vous souvenez plus de Brando Savelli ?

– Quoi ! C'est toi ? dit Orso.

– Eh oui. Ha ! Chili, tu es une brave fille. Sers-nous vite, car nous avons faim. Mon lieutenant, voulez-vous partager notre dîner ?

– Non merci.

– Allons, curé, dit le bandit à son camarade, à table ! Monsieur Orso, voici monsieur le curé.

– Je ne suis pas curé, monsieur, dit le bandit. Je n'ai pas pu devenir curé.

– Pourquoi ? demande Orso.

– Une sœur a fait des bêtises. Je suis revenu au village pour la marier. Mais son fiancé est mort trois jours avant mon arrivée. Je vais donc voir son frère. Il doit épouser ma sœur à présent. Mais on me dit qu'il est marié.

– Qu'avez-vous fait ?

– Je lui ai mis une balle dans la tête, dit le bandit.

Orso fait un mouvement d'horreur. Pendant que son camarade parle, Brandolaccio partage le pain et la viande et en donne au curé, au chien et à sa nièce.

– Le bandit a la belle vie ! dit le curé. Vous la connaîtrez peut-être un jour.

– Puisque vous n'avez pas voulu dîner avec nous, Ors'Anton, dit Brandolaccio, je vous conseille de rentrer. Il ne faut pas courir les chemins quand le soleil est couché. Pourquoi sortez-vous sans fusil ? Il y a de mauvaises gens dans ces environs : faites attention. Aujourd'hui, ça va car le préfet couche chez les Barricini. Mais demain…

– Merci du conseil, dit Orso, mais je n'ai rien à leur dire.

Le bandit ne répond pas. Orso se lève pour partir.

– Je ne vous ai pas remercié pour votre poudre. J'ai besoin de chaussures, mais je m'en fabriquerai avec la peau d'un mouflon.

Orso glisse deux pièces de cinq francs dans la main du bandit.

– Pas de bêtises, mon lieutenant, crie Brandolaccio. J'accepte le pain et la poudre, mais je ne veux pas d'argent.

– Entre vieux soldats, j'ai cru qu'on pouvait s'aider. Allons, adieu !

Confrontations[30]

*P*ENDANT LE REPAS du soir, Colomba dit à son frère :
— Charles-Baptiste Pietri est mort la nuit dernière.
Sa veuve m'a demandé de chanter à sa veillée[31].

— Je n'aime pas que tu chantes en public.

— Orso, la *ballata* est une tradition très ancienne Je souffre beaucoup de chanter ainsi. Cela me rappelle nos malheurs. Demain, j'en serai malade, mais il le faut.

— Fais comme tu voudras. Je suppose que tu as déjà composé ta *ballata*.

— Non, je ne peux pas composer avant, mon frère. Je me mets devant le mort, je pense à ceux qui sont là, je pleure, et alors je chante.

Orso va avec sa sœur chez les Pietri. Le mort est couché sur une table. Les portes et les fenêtres sont ouvertes, et des cierges brûlent autour de la table. Les gens sont autour du mort, en silence : les femmes d'un côté, les hommes de l'autre. Colomba embrasse la femme du mort, prend une de ses mains et reste quelques minutes les yeux baissés. Puis elle regarde le mort, et, presque aussi pâle que lui, elle commence sa *ballata* : elle parle parfois au mort, parfois à sa famille, et, quelquefois, elle fait parler le mort. Orso se sent ému. Il pleure.

Tout à coup, plusieurs personnes entrent. Le premier a une quarantaine d'années. C'est le préfet, en habit noir.

---

30. Oppositions, tensions.
31. La coutume veut qu'on reste avec le mort toute une soirée. On le veille.

Derrière lui, un vieillard voûté, avec un regard timide et inquiet. Il a un habit noir trop grand pour lui. Enfin, après lui, deux jeunes gens de grande taille, le teint brûlé par le soleil, l'œil fier. C'est l'avocat Barricini, le maire de Pietranera, et ses deux fils. Ils ont voulu montrer au préfet une *ballata*.

La présence de l'ennemi de son père horrifie[32] Orso. Colomba, elle, pâlit ; elle se tait puis elle continue la *ballata* :

Et toi, Charles-Baptiste, que tes amis – te disent adieu. – Leurs larmes ont assez coulé. – La pauvre orpheline ne te pleurera pas. – Pourquoi ? – Tu t'es endormi – au milieu de ta famille – L'orpheline pleure son père, – surpris par de lâches assassins.

Colomba tombe sur une chaise et pleure. Les femmes vont vers elle ; plusieurs hommes regardent le maire et ses fils. Le maire va vers la porte, et déjà ses deux fils sont dans la rue. Le préfet les suit. Orso s'approche de sa sœur et lui prend le bras.

– Accompagnez-les chez eux, dit le jeune Pietri à ses amis.

Deux ou trois jeunes gens prennent leur stylet et accompagnent Orso et sa sœur jusqu'à la porte de leur maison.

Colomba, assise, ne peut pas parler. On frappe à la porte, et Saveria, effrayée, annonce M. le Préfet ! Colomba se lève et s'appuie sur une chaise qui tremble sous sa main. Le préfet présente ses excuses pour l'heure de la visite puis dit :

– Monsieur della Rebbia, j'ai une lettre de miss Nevil pour vous. Son père a été malade. Aujourd'hui, il va bien.

---

32. Fait horreur.

Vous les verrez bientôt, j'imagine. Je viens ici à la demande de miss Nevil, monsieur. Je connais votre triste histoire. Mais monsieur Barricini aimerait voir cesser[33] la haine entre vos deux familles…

— Monsieur, dit Orso ému, je n'ai jamais accusé l'avocat Barricini d'avoir assassiné mon père, mais il a sous-entendu[34] que la lettre du bandit Agostini venait de mon père.

Le préfet se tait un moment.

— Mais… nous connaissons l'auteur de cette lettre maintenant, dit-il.

— Qui ? crie Colomba.

— Un misérable, coupable de plusieurs crimes, un voleur, un certain Tomaso Bianchi, en prison à Bastia, a dit qu'il était l'auteur de cette lettre.

— C'est le frère d'un ancien meunier[35] à nous, dit Colomba. C'est un méchant et un menteur.

— Son frère, le meunier Théodore, louait à votre père un moulin sur le ruisseau dont monsieur Barricini contestait la possession à monsieur votre père. Tomaso a cru que si monsieur Barricini récupérait le ruisseau, le loyer de son frère allait augmenter. Il a donc écrit la fausse lettre. Voici une lettre du procureur[36] général qui explique les choses.

Orso lit la lettre, et Colomba lit par-dessus l'épaule de son frère. Lorsqu'elle a fini, elle s'écrie :

— Orlanduccio Barricini est allé à Bastia il y a un mois, quand il a su que mon frère revenait. Il a sans doute été voir Tomaso pour lui acheter ce mensonge.

---

33. Stopper, se termine.
34. Faire croire, laisser entendre.
35. Personne qui travaille dans un moulin.
36. Juge de l'accusation.

Orso relit la lettre du procureur général. L'explication lui semble bonne. Mais Colomba s'écrie avec force :

— Tomaso Bianchi est un menteur.

Orso, après quelques paroles pour excuser Colomba, dit qu'il croit que Tomaso a écrit la lettre.

— Il est tard, dit le préfet, mais si vous voulez venir chercher la lettre de miss Nevil. Par la même occasion, vous pourrez dire à monsieur Barricini ce que vous venez de me dire, et tout sera fini.

— Jamais Orso della Rebbia n'entrera chez un Barricini ! crie Colomba avec force.

— Colomba ! s'écrie Orso,

— Orso ! Orso ! Entre vous et les Barricini, il y a du sang ; vous n'irez pas chez eux !

— Ma sœur !

— Non, mon frère, vous n'irez pas, ou je quitterai cette maison, et vous ne me reverrez jamais…

Et elle tombe à genoux.

— Je ne peux pas la quitter maintenant, dit Orso… Demain, si…

— Je pars de bonne heure, dit le préfet.

— Mon frère, s'écrie Colomba les mains jointes, attendez jusqu'à demain matin. Laissez-moi regarder les papiers de mon père. Vous ne pouvez pas me refuser cela.

— Très bien ! Mille pardons, monsieur le préfet. À demain.

Peu de temps après, Saveria revient avec la lettre de miss Nevil, suivie de la petite Chili.

— Enfant, dit Orso, que viens-tu faire ici à cette heure ?

— Mademoiselle me demande, répond Chili.

Pourquoi donc ? pense Orso. Mais il se dépêche de lire la lettre de miss Lyvia. Elle lui donne des nouvelles, lui dit qu'elle et son père vont bientôt arriver et lui demande d'écouter le préfet et de faire ce qu'il dira. La lettre de miss Lydia fait du bien à Orso ; il n'a plus de haine. Il va se coucher, le cœur léger. Colomba, elle, lit la plus grande partie de la nuit de vieux papiers. Un peu avant le jour, elle descend au jardin, ouvre une porte et fait entrer deux hommes bizarres.

Le matin, la porte de la maison Barricini s'ouvre ; le préfet sort le premier, suivi du maire et de ses deux fils. Arrivé chez les Della Rebbia, le préfet prend la parole. Il dit que M. della Rebbia n'a jamais cru à la culpabilité de la famille Barricini ; qu'il a eu un doute sur la fausse lettre mais qu'il sait maintenant qui l'a écrite ; qu'il désire avoir avec M. Barricini et ses fils de bonnes relations.

À ce moment-là, Colomba sort quelques papiers et dit :

— Vous avez dit que Tomaso a écrit la fausse lettre pour que son frère garde la location du moulin. La fausse lettre est datée du 11 juillet. Or le bail[37] de son frère était terminé car mon père lui a donné congé le 1er juillet. Voici les papiers de mon père qui le prouvent.

Et elle donne au préfet les papiers qu'elle a à la main. Le maire devient pâle.

— Il y a une autre chose qui est fausse, dit Colomba.

Elle ouvre la porte de la cuisine. Brandolaccio, le faux curé et un chien entrent. Les deux bandits n'ont pas d'armes.

— C'est un guet-apens[38] ! crie le maire.

Il essaie d'ouvrir la porte, mais Saveria l'a fermée, sur ordre des bandits.

---

37. Contrat de location.
38. Un piège.

– Ne vous inquiétez pas ! dit Brandolaccio. Nous venons ici comme témoins. Allons, parle, toi, curé.

– Monsieur le préfet, j'étais prisonnier, il y a trois semaines, dans les prisons de Bastia. Dans la prison, il y avait aussi ce Tomaso. Il recevait souvent la visite de M. Orlanduccio…

– C'est faux, crient les deux frères.

– Tomaso avait de l'argent. Il mangeait et buvait de bonnes choses. J'ai mangé plusieurs fois avec lui. Pour le remercier, je lui ai proposé de s'évader avec moi. Mais Tomaso a refusé. Il m'a dit que grâce à l'avocat Barricini, il allait bientôt être libre.

– C'est faux, répète Orlanduccio. Si nous étions dans la campagne, avec notre fusil…

– Je peux sortir ? dit le préfet.

– Saveria ! Saveria ! crie Orso, ouvrez la porte !

– Un instant, dit Brandolaccio. Nous partons avant vous.

Les deux bandits sortent.

– Monsieur Barricini, dit Orso, vous avez écrit la fausse lettre. Je vais écrire au procureur du roi.

– Et moi, monsieur della Rebbia, dit le maire, je vais écrire au procureur pour complicité avec des bandits.

Le maire et Vincentello sortent, Orlanduccio les suit. Orso lui dit à voix basse :

– Votre père est un vieillard que je peux écraser d'un coup ; mais c'est à vous que je veux donner des coups.

Orlanduccio tire son stylet et se jette sur Orso, mais Colomba lui tord le bras. Orso le frappe au visage. Orlanduccio recule. Le stylet tombe de sa main. Vincentello rentre dans la maison, mais Colomba saute sur un fusil. Et le préfet se jette entre les combattants.

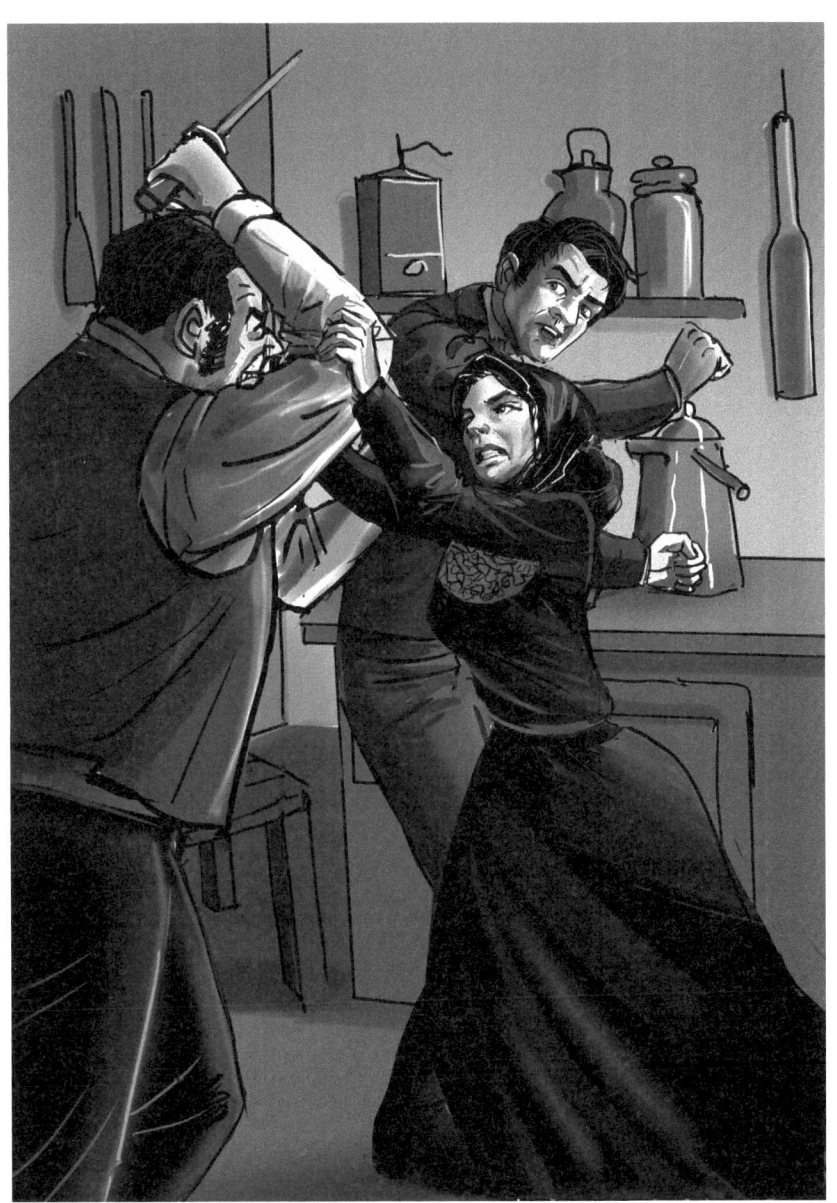

– À bientôt, Ors'Anton' ! crie Orlanduccio.

Orso et le préfet restent un quart d'heure silencieux.

– Quel pays ! Quel pays ! dit enfin le préfet. Monsieur della Rebbia, ne vous battez pas ! Dès aujourd'hui, monsieur Barricini n'est plus maire… Restez chez vous jusqu'à mon retour. Je serai absent trois jours. Adieu, monsieur. Je vous préviens que je vais donner l'ordre à la gendarmerie de vous suivre.

Le préfet sort.

– Colomba, dit Orso, fais venir Chili. J'ai besoin qu'elle porte une lettre.

Orso monte dans sa chambre et écrit cette lettre :

Demain matin, nous pourrons nous rencontrer à 6 heures dans la vallée d'Acquaviva. Je suis très fort au pistolet, alors je ne vous propose pas cette arme. On dit que vous tirez bien le fusil : prenons un fusil à deux coups. Je viendrai avec un homme de ce village. Si votre frère veut vous accompagner, venez avec une troisième personne et prévenez-moi. Dans ce cas, je viendrai avec deux personnes.

ORSO ANTONIO DELLA REBBIA.

La réponse arrive dans la soirée. Elle est signée de M. Barricini père, qui dit qu'il envoie la lettre de menace d'Orso au procureur du roi. Colomba fait venir cinq ou six bergers pour surveiller la tour des della Rebbia. Orso n'est pas d'accord mais on installe aussi des *archere* aux fenêtres donnant sur la place.

Événements tragiques

*L*E LENDEMAIN, Orso ne sort pas de sa maison, et la porte des Barricini reste fermée. Les cinq gendarmes laissés à Pietranera se promènent sur la place ou autour du village.

À l'heure du dîner, Colomba montre d'un air joyeux à son frère une lettre qu'elle vient de recevoir de miss Nevil.

Ma chère mademoiselle Colomba,

J'apprends avec plaisir, par une lettre de votre frère, que vos haines sont terminées. Mon père ne supporte plus Ajaccio depuis que votre frère n'est plus là pour parler guerre et chasser avec lui. Nous partons aujourd'hui, et nous irons dormir chez votre parente[39]. Après-demain, vers onze heures, je viendrai manger ce fromage des montagnes dont vous m'avez parlé.

Adieu, chère mademoiselle Colomba.

Votre amie,

*L*YDIA *N*EVIL

— Elle n'a donc pas reçu ma seconde lettre ? dit Orso. Je lui disais que nous étions en guerre. Il faut envoyer quelqu'un pour les arrêter.

— Savez-vous ce qu'il faut faire ? répond Colomba. Partez demain de très bonne heure, et arrivez chez notre parente avant le départ de vos amis. Miss Lydia se lève tard, ils ne seront pas partis. Vous leur raconterez ce qui s'est passé

---

39. Personne de la famille d'Orso et Colomba.

chez nous ; et s'ils veulent venir, nous les recevrons avec plaisir.

Orso donne son accord. Colomba, après quelques moments de silence, demande :

– Quel cheval monterez-vous demain ?

– Le noir. Pourquoi ?

– Pour lui donner à manger.

Orso monte dans sa chambre. Quand elle pense qu'il dort, Colomba prend un couteau, et, en silence, elle va dans le jardin. Elle entre dans l'enclos des chevaux et siffle. Les chevaux arrivent. Quand le cheval noir est près d'elle, elle l'attrape et lui fend l'oreille avec son couteau. Le cheval fait un bond terrible, crie et s'enfuit.

Le matin, un berger sort pour préparer le cheval. Orso et sa sœur le suivent.

– Ha ! Ors'Anton' ! Ha ! Ors'Anton' ! crie le berger. Le cheval !

Tout le monde s'approche du cheval noir et voit son oreille fendue. C'est horrible. Faire du mal au cheval de son ennemi, pour les Corses, c'est une vengeance, une menace de mort.

– Les lâches ! dit Orso. Ils se vengent sur une pauvre bête !

– Qu'attendons-nous ? crie Colomba.

– Vengeance ! répondent les bergers. Promenons le cheval dans le village et attaquons leur maison.

Mais Orso refuse et dit que la justice vengera l'oreille du cheval.

– Je suis le maître ici, ajoute-t-il d'un ton sévère, et vous devez m'obéir. Ne me parlez pas de tuer ou d'attaquer.

– Comment, Orso, dit Colomba, vous acceptez qu'on nous insulte[40] !

– Je te promets qu'ils le regretteront ; les gendarmes puniront ces gens. Je te l'ai dit, la justice me vengera d'eux… ou sinon… tu n'auras pas besoin de me rappeler de qui je suis fils…

Puis il ajoute :

– Je reviendrai sans doute avec le colonel et sa fille. Tout doit être prêt. C'est très bien, Colomba, d'avoir du courage, mais une femme doit savoir s'occuper de sa maison. Allons, embrasse-moi, et sois sage.

– Orso, dit Colomba, vous ne partirez pas seul.

– Je n'ai besoin de personne, répond Orso.

– Jamais je ne vous laisserai partir seul en temps de guerre. Ho ! Polo Griffo ! Gian'Francè ! Memmo ! Prenez vos fusils. Vous allez accompagner mon frère.

Orso finit par accepter. Ils sont loin de Pietranera quand le vieux Polo Griffo aperçoit des cochons couchés dans la boue. Il tire un coup de fusil et tue un cochon. Les autres bergers tuent aussi des cochons.

– Imbéciles ! crie Orso ; ce sont des cochons, pas des sangliers !

– Nous le savons, répond Polo Griffo, mais ces bêtes appartiennent à Barricini. Cela[41] lui apprendra à blesser nos chevaux.

– Comment, crie Orso, furieux, vous faites comme nos ennemis ! Partez.

Les deux bergers se regardent, étonnés. Orso, lui, disparaît au galop.

---

40. Dire du mal de quelqu'un.
41. Cela : cette chose, ce que nous avons fait.

Orso continue sa route. Il pense à miss Nevil. Il l'imagine assise auprès de lui sur l'herbe. La joue appuyée sur une main, elle écoute les paroles d'amour qu'il lui dit. Il va embrasser en imagination la blanche main de miss Nevil quand la tête de son cheval s'arrête tout à coup. Chili est devant eux.

– Où allez-vous ainsi, Ors'Anton' ? Ne savez-vous pas que votre ennemi est près d'ici ?

– Mon ennemi ! dit Orso. Tu l'as vu ?

– Oui, Ors'Anton', j'étais couchée dans l'herbe quand il est passé.

– De quel côté allait-il ?

– Il descendait par-là, du côté où vous allez.

– Merci.

Et Orso part du côté que la petite fille lui a indiqué.

Quand il repense à ce que lui a dit Chili, il est très énervé, furieux. Puis il repense à ce que lui a dit le préfet, et à miss Nevil. Il ne veut pas manquer sa visite. Mais le souvenir de son père, la blessure faite à son cheval, les menaces des Barricini rallument sa colère. Il avance avec précaution. Il regarde à droite et à gauche. Dix minutes après avoir quitté Chili (il est environ neuf heures du matin), il se trouve au bord d'une petite colline. Orso doit descendre de cheval. Quand il met pied à terre, il aperçoit en face de lui, d'abord un fusil, puis une tête qui dépasse d'un mur. Il reconnaît Orlanduccio prêt à tirer.

– Misérable lâche ! s'écrie Orso.

Il parle encore quand le fusil d'Orlanduccio tire. Presque en même temps, un second coup part à sa gauche, de l'autre côté du sentier, tiré par un homme qu'il n'a pas vu. Les deux balles le touchent : l'une traverse son bras gauche ; l'autre le frappe à la poitrine, déchire son habit,

mais tombe sur son stylet et ne lui fait pas trop mal. Le bras gauche d'Orso tombe immobile le long de sa cuisse, et son fusil se baisse. Il le relève aussitôt, dirige son arme de sa seule main droite et tire sur Orlanduccio. La tête de son ennemi disparaît derrière le mur. Orso se tourne à gauche, tire son second coup sur l'homme qu'il voit à peine. À son tour, la tête de l'homme disparaît. Son bras gauche lui fait très mal. Où sont passés ses ennemis ? Sont-ils morts, ou bien attendent-ils, derrière leur mur, pour tirer de nouveau sur lui ? Le doigt sur le fusil, l'œil fixé sur le mur, l'oreille qui écoute les bruits, il reste immobile pendant quelques minutes. Tout à coup, loin derrière lui, il entend un cri, et bientôt un chien descend la colline, s'arrête auprès de lui et remue la queue. C'est Brusco, le chien des bandits, qui ne doivent pas être loin.

– À moi, Brando ! crie Orso dès qu'il pense que le bandit est arrivé.

– Oh ! Ors'Anton' ! Vous êtes blessé ! lui demande Brandolaccio.

– Au bras.

– Au bras ! Ce n'est pas grave. Et l'autre homme ?

– Je crois que je l'ai touché.

Brandolaccio suit son chien et se penche pour regarder de l'autre côté du mur. Il enlève son bonnet.

– Salut au seigneur Orlanduccio, dit-il.

– Vit-il encore ? demande Orso qui respire avec difficulté.

– Oh ! Non. La balle que vous lui avez mise dans l'œil lui a fait un gros trou ! Mais, Brusco, qu'est-ce que tu me veux donc ?

Le chien l'emmène de l'autre côté.

– Excusez ! s'écrie Brandolaccio stupéfait. Coup double !

– Qu'y a-t-il, au nom de Dieu ! demande Orso.

– Barricini va avoir un drôle de dessert aujourd'hui ! dit le bandit.

– Quoi ! Vincentello est mort aussi ?

– Très mort. Ce qu'il y a de bien avec vous, c'est que vous ne les faites pas souffrir. Venez donc voir Vincentello : il est encore à genoux, la tête appuyée contre le mur. Il a l'air de dormir. Pauvre diable !

Orso tourne la tête avec horreur. Le bandit, revenu, examine le bras d'Orso et commence un pansement. Puis, au milieu du pansement, il s'interrompt pour crier :

– Coup double ! C'est le curé qui va rire... Coup double !

Orso ne répond pas. Il est pâle comme un mort et tremble.

– Allons, Ors'Anton', dit le bandit après avoir terminé le pansement, voilà Chili qui a rattrapé votre cheval. Montez et venez avec moi. Personne ne vous trouvera. Quand nous serons à la croix de Sainte-Christine, il faudra mettre pied à terre. Vous donnerez votre cheval à Chili, qui ira prévenir votre sœur.

– Où m'emmènes-tu, Brando ? dit Orso très faible.

– Vous avez deux possibilités : la prison ou le maquis. Mais un della Rebbia ne connaît pas le chemin de la prison. Au maquis, Ors'Anton'.

– Adieu donc à tous mes rêves ! s'écrie le blessé. Mais il a tiré le premier.

– Tenez, Ors'Anton', dit le bandit qui prend la bride du cheval, je vais vous dire ce que je pense. Eh bien ! Ces deux pauvres jeunes gens me font de la peine. Je vous prie de m'excuser... Si beaux... si forts... si jeunes !... Orlanduccio avec qui j'ai chassé plusieurs fois...

Brandolaccio continue de parler et emmène Orso, Chili et le chien Brusco vers le maquis de la Stazzona.

Victoire(s) de Colomba

COLOMBA, après le départ d'Orso, apprend que les frères Barricini guettent[42] son frère. Elle est très inquiète. Vers onze heures, le colonel et sa fille arrivent.

– Avez-vous vu mon frère ? demande Colomba.

– Nous avons entendu sur la route quatre coups de fusil. Il y en avait deux plus forts que les autres, et j'ai dit à ma fille : je parie que c'est della Rebbia qui chasse, répond le colonel.

Colomba pâlit, et Lydia comprend que la situation est grave. Colomba demande si les deux coups forts ont précédé ou suivi les autres. Mais le colonel et sa fille ne savent pas.

On entend le galop d'un cheval. C'est Chili sur le cheval d'Orso.

– Mon frère est mort ! crie Colomba.

Mais Chili crie : « Il vit ! »

– Et les autres ? demande Colomba

Chili fait le signe de la croix[43]. Chili raconte ce qui s'est passé puis dit qu'Orso veut du papier pour écrire, et qu'il demande à sa sœur de supplier[44] une dame de ne pas partir avant d'avoir reçu une lettre de lui. Colomba prend des vieux vêtements et les coupe pour faire des bandes. Miss Lydia ne sait pas quoi dire. Son père demande pourquoi on ne va pas voir un magistrat[45] ?

---

42. Attendent.
43. Cela signifie qu'ils sont morts.
44. Demander avec force.
45. Homme de loi.

— Surtout, monsieur le colonel, souvenez-vous bien, dit Colomba, que vous avez entendu les quatre coups de fusil, et que vous m'avez dit qu'Orso avait tiré le second.

Le colonel ne comprend rien, et sa fille pleure et soupire. Tard le soir, les corps des deux fils de Barricini arrivent au village. Le désespoir[46] muet du père attire tous les regards. Colomba, les bras croisés, regarde porter les cadavres dans la maison de ses ennemis, puis elle referme sa porte. Le soir, miss Lydia s'agite dans son lit et a du mal à dormir. Quand elle se réveille, elle voit Colomba devant son lit.

— Avez-vous de ses nouvelles ? dit miss Nevil.

— Oui. Il va assez bien. On m'a apporté une lettre pour vous, miss Lydia ; le curé dit qu'il a souffert pour écrire.

Miss Nevil lit la lettre, qui est en anglais.

MADEMOISELLE,

Depuis que je vous ai vue, je croyais en des rêves insensés[47]. Cette catastrophe m'a montré ma folie ; je sais ce qui m'attend à présent. Cette bague que vous m'avez donnée, je n'ose pas la garder. Colomba vous la remettra... Adieu, mademoiselle, vous allez quitter la Corse, et je ne vous verrai plus.

O. D. R.

Colomba prend les deux mains de miss Nevil et lui dit :

— N'est-ce pas que vous répondrez à mon frère ? Vous lui ferez tant de bien !

Le préfet est de retour, accompagné de gendarmes. Le procureur du roi est là aussi. Peu après son arrivée, le

---

46. Grande tristesse.
47. Fous.

préfet va voir le colonel Nevil et sa fille, et leur dit que l'affaire[48] n'est pas bonne.

– Monsieur, dit miss Lydia, qui rougit, nous étions sur la route quand les coups de fusil ont été tirés. Mon père, qui connaît les armes, a dit : « M. della Rebbia tire avec mon fusil. »

– Et ces coups de fusil que vous avez reconnus, c'étaient les derniers ?

– Les deux derniers, n'est-ce pas, mon père ?

Le colonel n'a pas très bonne mémoire, mais il est toujours d'accord avec sa fille.

– Il faut parler de cela au procureur du roi, colonel. Un chirurgien va de son côté examiner les cadavres.

Restée seule avec miss Lydia, Colomba lui propose une promenade. Le soleil se couche et Colomba marche toujours.

– Je pense que nous nous sommes perdues, dit miss Lydia.

– Suivez-moi, répond Colomba.

– Mais vous vous trompez : le village ne peut pas être de ce côté-là.

– Ma chère amie, dit Colomba, vous avez raison ; mais à deux cents pas d'ici… dans ce maquis… il y a mon frère. Pourquoi ne pas venir avec moi voir mon pauvre frère ?

– Mais ce n'est pas convenable[49]. Et il est si tard ! Et mon père, il sera si inquiet ! Et ces bandits !

– Je ne peux pas vous laisser seule. Allons voir Orso ou retournons au village… Je verrai mon frère… Dieu sait quand… peut-être jamais…

– Eh bien ! Allons-y ! Mais pour une minute.

48. Ce qui se passe, l'affaire d'Orso.
49. Correct, bien.

Colomba siffle. Le chien des bandits aboie et arrive. Bientôt, les deux bandits armés s'avancent vers elles.

– Où est mon frère ?

– Là-bas ! Mais attention : il dort !

Orso est très pâle, il respire avec difficulté. Colomba s'assoit auprès de lui, miss Lydia se serre contre elle et lève la tête pour voir le blessé. Orso bouge. Colomba l'embrasse. Orso demande si miss Nevil lui a écrit.

– Non, mais vous pensez toujours à miss Nevil. Vous l'aimez donc bien ?

– Si je l'aime, Colomba ! Mais elle, elle me méprise[50] peut-être maintenant ?

– Vous mépriser ! s'écrie Colomba. Avec ce que vous avez fait !

– Mais alors, pourquoi ne me répond-elle pas ?

Colomba met la main de Lydia dans la main de son frère. Miss Lydia retire sa main et dit quelques mots inintelligibles[51]. Orso croit rêver.

– Vous ici, miss Nevil ! Vous avez osé ! Comme je suis heureux !

Sa main droite se rapproche de la main de miss Lydia.

– Il faut qu'on vous emmène quelque part où l'on pourra vous soigner, dit miss Nevil.

– Mais pourquoi le chien grogne-t-il ? dit Colomba. Je vais voir.

Elle se lève et pose la tête d'Orso sur les genoux de miss Nevil. Miss Nevil ne sait pas quoi faire faire, car elle ne veut pas faire mal au blessé.

___

50. Avoir du mépris, condamner, rejeter quelqu'un pour quelque chose qu'il a fait.
51. Incompréhensibles, qu'on ne comprend pas.

– Je suis un pauvre lieutenant… sans avenir… Quel moment, miss Lydia, pour vous dire que je vous aime…

– Ce n'est pas bien de parler ainsi… Au milieu du maquis, entourée de vos bandits, vous savez bien que je ne peux pas me fâcher contre vous.

Et elle met la bague dans la main d'Orso.

– Les voltigeurs ! crie Colomba qui revient. Orso, essayez de vous lever et de marcher, je vous aiderai.

– Laissez-moi, dit Orso. Emmenez miss Lydia.

– Je ne vous laisserai pas, dit Brandolaccio. Le sergent est un filleul de l'avocat ; il vous tuera, et il dira qu'il ne l'a pas fait exprès.

– Je ne peux pas marcher. Fuyez. Adieu, miss Nevil ; donnez-moi la main, et adieu !

– Si vous ne pouvez pas marcher, dit Brandolaccio, je vous porterai. Vous êtes forte, mademoiselle Colomba : prenez-le par les épaules, moi je prends les pieds. En avant, marche !

Ils le portent. Miss Lydia les suit, effrayée. Mais peu après, Brandolaccio dit qu'il n'y arrive plus. Colomba n'est pas contente.

– Où est miss Nevil ? demande Orso.

– En arrière, dit Brandolaccio.

– J'entends un cheval, nous sommes sauvés, dit Colomba.

Brandolaccio attrape le cheval. Colomba met son frère devant le bandit et les deux hommes partent. Colomba revient sur ses pas et appelle miss Nevil. Elle rencontre deux voltigeurs.

– Vous étiez avec les bandits, dit un des gendarmes. Vous allez venir avec nous.

– D'accord, mais je cherche une amie qui s'est perdue.

– Votre amie est déjà avec nous, et vous irez avec elle coucher en prison.

Les voltigeurs l'emmènent. Elle retrouve miss Nevil, terrifiée. Colomba se jette dans ses bras et lui dit à l'oreille : « Ils sont sauvés. »

Un voltigeur veut prendre le bras de miss Lydia.

– Ne la touchez pas, dit Colomba. Elle connaît le préfet. Allons, Lydia, appuyez-vous sur moi, et ne pleurez pas comme un enfant. N'est-ce pas, dit Colomba dans son oreille, que mon frère mérite qu'on l'aime ? Ne l'aimez-vous pas un peu ?

– Ah ! Colomba, répond miss Nevil, ma terrible sœur !

Les deux prisonnières arrivent au village.

– Nous pouvons libérer ces demoiselles, dit le préfet. Mademoiselle Colomba, vous pouvez dire à votre frère que son affaire s'arrange. L'examen des cadavres, les paroles du colonel montrent qu'il n'a pas tiré le premier.

Le soir, le colonel, sa fille et Colomba se mettent à table.

– Lydia, dit le colonel en anglais, vous êtes donc fiancée avec della Rebbia ?

– Oui, mon père, depuis aujourd'hui.

– C'est un brave garçon, mais quel pays ! Nous ne resterons pas ici.

– Je ne comprends pas l'anglais, dit Colomba, mais je crois que j'ai compris ce que vous avez dit.

* * *

Un beau jour d'avril, le colonel sir Thomas Nevil, sa fille, mariée depuis peu de jours, Orso et Colomba sortent de Pise[52] pour aller visiter un monument. Dans le monument,

---

52. Ville italienne.

Orso et sa femme prennent des crayons et dessinent. Le colonel et Colomba les laissent seuls et se promènent. Ils entrent dans une ferme. Colomba aide la jardinière à cueillir des fraises pendant que le colonel boit du vin. Colomba avance et aperçoit un vieillard assis au soleil sur une chaise de paille, malade ; il ressemble à un cadavre.

– Ce pauvre vieillard, dit la jardinière, est corse. Il a eu des malheurs dans son pays ; ses enfants sont morts. Ce pauvre monsieur, seul, est venu vivre à Pise chez une parente, qui est la propriétaire de cette ferme. Il est un peu fou ; c'est le malheur et le chagrin... Le médecin vient toutes les semaines, il dit qu'il va bientôt mourir.

Colomba s'approche du vieillard. Le pauvre homme lève la tête et regarde Colomba, qui le regarde et sourit. Le vieillard passe la main sur son front et ferme les yeux pour ne pas voir Colomba. Puis il les rouvre ; ses lèvres tremblent ; de grosses larmes coulent de ses yeux.

– Pitié ! dit-il. N'es-tu pas satisfaite ? Cette feuille... que j'ai brûlée... Mais pourquoi tous les deux ?... Il fallait m'en laisser un...

– Il me les fallait tous les deux, lui dit Colomba en corse. Va, ne te plains pas. Tu ne souffriras pas longtemps. Moi, j'ai souffert deux ans !

Le vieillard pousse un cri, et sa tête tombe sur sa poitrine. Colomba lui tourne le dos, et revient vers la ferme.

VOCABULAIRE

La vengeance

Assassin/assassinat : Assassiner quelqu'un, c'est le tuer. La personne qui tue quelqu'un est un assassin, un meurtrier. Il commet un crime.

***Ballata* :** chanson corse pour un mort.

Bandit : En Corse, un bandit n'est pas un voleur, un homme malhonnête. C'est un homme qui a tué pour se venger, pour l'honneur et qui doit se cacher dans un maquis. C'est un bandit d'honneur.

Cartouches : Pour marcher, un fusil a besoin de cartouches. Dans une cartouche, il y a la balle pour tuer et la poudre pour faire marcher le fusil et éjecter la balle.

Coutumes : habitudes. La Corse a de nombreuses coutumes, comme la vendetta…

Crime/commettre un crime : Un crime est une action punie par la loi comme un meurtre, un assassinat. Commettre un crime, c'est faire un crime.

Lâche : peu courageux. En Corse, on ne peut pas être lâche.

Maquis : la moitié de la Corse est constituée de maquis, des groupes de petits arbres (oliviers, châtaigniers…), de broussailles serrés les uns les autres. Les gens qu'on recherchait se cachaient dans le maquis.

Meurtre : Tuer quelqu'un est un meurtre. Synonyme d'assassinat.

Poudre : Un fusil a besoin de poudre pour fonctionner.

Rimbecco : dans le langage corse, donner le *rimbecco* signifie : faire un reproche à quelqu'un en public, devant des gens, par exemple à quelqu'un qui n'a pas vengé son père assassiné. Le *rimbecco* est une demande forte pour celui qui n'a pas vengé un assassinat de quelqu'un de sa famille.

Stylet : poignard avec une lame longue et fine.

Vendetta : vengeance corse pour l'honneur.

ANNEXE

Les lieux de l'action dans *Colomba*

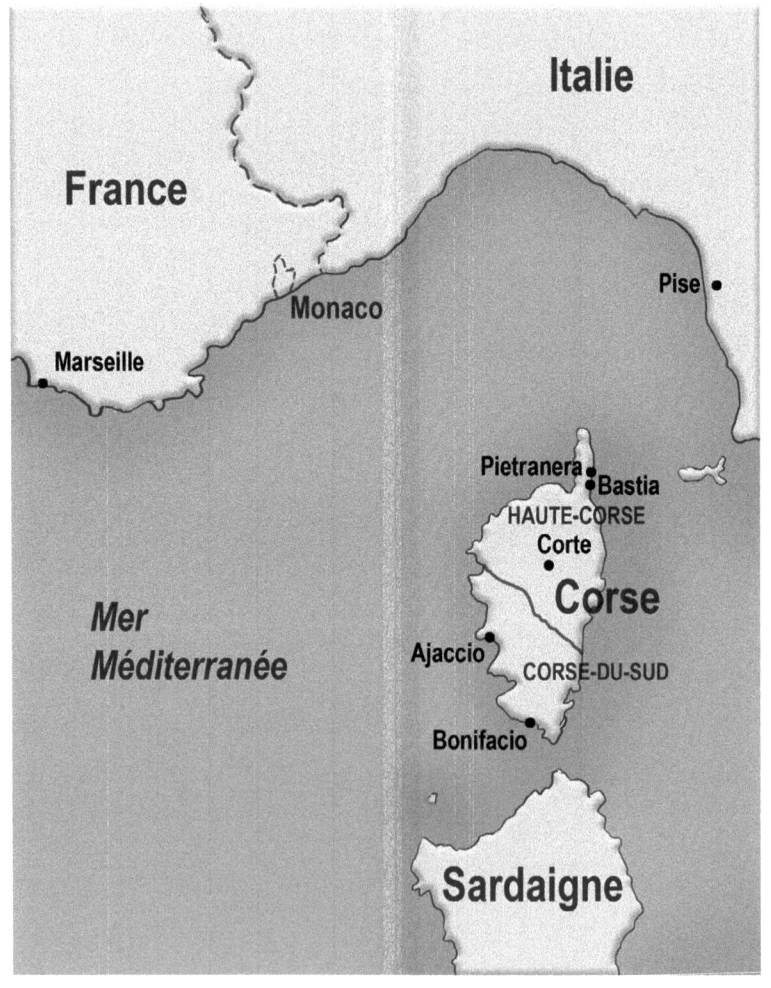

ACTIVITÉS

Chapitre I

Vrai ou Faux ?

a. Miss Lydia et son père reviennent d'Italie.	V	F
b. Ils ont beaucoup aimé l'Italie.	V	F
c. Ils décident d'aller en Corse.	V	F
d. Ils rencontrent un jeune officier anglais.	V	F
e. Le père de cet officier a été tué à Waterloo.	V	F
f. Le marin, sur le bateau, pense que le jeune officier rentre pour venger son père.	V	F
g. Au début, miss Lydia n'aime pas l'officier puis elle change d'avis.	V	F

Chapitre II

Cochez la bonne réponse.

a. Deux jours après son arrivée en Corse, miss Lydia se sent ☐ gaie ☐ triste.

b. Elle veut que le lieutenant renonce à ☐ sa vengeance ☐ son voyage.

c. Le préfet est ☐ inquiet ☐ content du retour d'Orso.

d. Colomba ☐ plaît ☐ ne plaît pas à miss Lydia.

e. Le colonel offre à Colomba ☐ un fusil ☐ un stylet.

f. La famille du père d'Orso et les Barricini ☐ s'aiment ☐ se détestent.

g. Colomba pense que ☐ le bandit Agostini ☐ les Barricini ont tué son père.

h. Orso, après avoir lu les documents du jugement, pense que ☐ le bandit Agostini   ☐ les Barricini ont tué son père.

i. Colomba veut que son frère ☐ oublie   ☐ venge la mort de leur père.

j. Miss Lydia donne à Orso ☐ une bague   ☐ un collier.

k. Orso ☐ a peur   ☐ est content de partir avec sa sœur.

Chapitre III

Qui fait/pense/dit quoi ? Reliez le nom du personnage à ce qu'il fait/pense/dit.

Orso   •   • dort chez les Barricini ce soir.

Colomba   •   • attendent Orso et sa sœur pour les accompagner chez eux.

Chili   •   • ont barricadé leurs fenêtres.

Le bandit « curé »   •   • amène son frère à l'endroit où leur père est mort.

Le bandit Brandolaccio •   • sent que tout le monde veut qu'il se venge.

Le chien   •   • apporte de la nourriture à son oncle dans le maquis.

Le préfet   •   • ne veut pas de l'argent d'Orso.

Les Barricini   •   • dit que la vie de bandit est une belle vie.

Les bergers   •   • semble connaître le chemin.

Chapitre IV

Répondez aux questions.

a. Pourquoi le maire et ses deux fils partent-ils de la veillée du mort ?

....

b. Qui a écrit la fausse lettre selon le préfet ?

....

c. Qui voyait Tomaso en prison selon le faux curé ?

....

d. Que dit Colomba au sujet du bail du moulin ?

....

e. Que dit Orso au fils Barricini ?

....

Chapitre V

Remettez dans l'ordre l'histoire racontée dans ce chapitre.

1. Colomba blesse exprès le cheval noir que doit monter son frère. Elle veut faire croire que c'est les Barricini qui ont blessé le cheval.

2. Le bandit s'aperçoit qu'Orso a tué les deux fils Barricini.

3. Orso rêve à miss Nevil en chemin.

4. Le chien des bandits arrive, suivi par un bandit.

5. Orso décide de partir pour arrêter les Nevil qui sont en chemin.

6. Orso tire un coup de fusil, puis un autre.

7. Le bandit emmène Orso dans le maquis.

8. Orso, en chemin, tombe sur Chili qui a vu son ennemi.

9. Orso demande aux bergers de ne plus le suivre car ils ont tué les cochons de Barricini et il est énervé.

10. Orso reçoit un coup de fusil, puis un autre.

....

Chapitre VI

Mettez les mots suivants au bon endroit : *l'affaire, avoue, supplie, d'accord, tiré, voltigeurs, l'assassin, amour, cadavres, préfet*

Chili raconte ce qui s'est passé. Elle dit qu'Orso .... une dame de ne pas partir avant d'avoir reçu sa lettre. Colomba fait croire au colonel qu'il sait qui a .... les deux derniers coups de fusil. Le préfet dit à miss Nevil et à son père que .... d'Orso n'est pas bonne. Miss Lydia dit au .... que son père a reconnu les derniers coups de fusil : c'est Orso qui tirait. Son père ne se souvient pas, mais il est toujours .... avec sa fille. Colomba emmène Lydia voir Orso. Orso déclare son .... à Lydia. Les .... arrêtent miss Lydia et Colomba. L'examen des .... a montré qu'Orso n'a pas tiré le premier. Orso et miss Lydia se marient et partent en Italie avec Colomba et le père de Lydia. Là-bas, Colomba rencontre le père Barricini qui .... qu'il a arraché la feuille du carnet du père d'Orso. Barricini est donc .... du père d'Orso.

SOLUTIONS

Chapitre I

a. V.
b. F.
c. V.
d. F. un officier français.
e. F. On l'a assassiné.
f. V.
g. V.

Chapitre II

a. triste
b. sa vengeance.
c. inquiet
d. plaît.
e. un fusil.
f. se détestent.
g. les Barricini.
h. le bandit Agostini
i. venge
j. une bague
k. a peur.

Chapitre III

Le préfet dort chez les Barricini ce soir.
Les bergers attendent Orso et sa sœur pour les accompagner chez eux.
Les Barricini ont barricadé leurs fenêtres.
Colomba amène son frère à l'endroit où leur père est mort.

Orso sent que tout le monde veut qu'il se venge.

Chili apporte de la nourriture à son oncle dans le maquis.

Le bandit Brandolaccio ne veut pas de l'argent d'Orso.

Le bandit « curé » dit que la vie de bandit est une belle vie.

Le chien semble connaître le chemin.

Chapitre IV

a. Parce que Colomba, dans sa *ballata*, les a accusés du mort de son père.

b. Tomaso, un prisonnier, parce qu'il voulait que son frère garde la location du moulin du père d'Orso.

c. Un fils Barricini.

d. Elle dit que le bail était terminé le 1er juillet, dix jours avant la lettre. La lettre est datée du 11 juillet. Tomaso n'avait donc pas de raison d'écrire la lettre.

e. Qu'il veut donner des coups à lui et à son frère : il provoque le fils Barricini en duel.

Chapitre V

5. 1. 9. 3. 8. 10. 6. 4. 2. 7.

Chapitre VI

supplie ; tiré ; l'affaire ; préfet ; d'accord ; amour ; voltigeurs ; cadavres ; avoue : l'assassin.

Achevé d'imprimer par ISIPRINT en juillet 2024
N° de projet : 10298684
N° d'impression : 202407.0154
Imprimé en France